Mes jeux d'été pour réviser

CP
vers le CE1

Jeux
Claire Laurens

Mémos
Lisa Auline, professeure des écoles

Relecture pédagogique
Christine Favier, professeure des écoles

Illustrations
Christine Ponchon

Jeu cherche & trouve

Attention ! Ce hibou se cache dans les pages de ce livre. Si tu le trouves, **va à la page 87 !**

bordas

Étrange apparition

Qu'a vu Jérôme en observant le ciel ?

Relie les lettres dans l'ordre alphabétique pour le savoir.

Échauffe-toi !

Pour chaque série de lettres, dis celle qui suit dans l'alphabet.
abc...
JKL...
pqr...

Mémo page 65 • Solutions page I

À la pêche

Niourk est affamé !

Trouve le chemin qu'il doit prendre pour pêcher le plus de poissons.
Écris dans la case le nombre de poissons qu'il aura pris.

Échauffe-toi !

Dis la suite des nombres de 1 à 5 à l'envers.

Mémo page 72 • Solutions page I

L'ourson mal réveillé

Petit Ours a trop dormi cet hiver ! Il ne sait plus dans quel ordre se font les activités d'une journée.

Numérote les images en t'aidant des horloges.

Échauffe-toi !

Combien y a-t-il d'heures dans une journée ? Coche la bonne réponse :

- ☐ 12
- ☐ 24
- ☐ 36

Mémo page 79 • Solutions page I

Les frères serpents

Maman serpent ne reconnaît plus ses petits.

Colorie en rouge les lettres majuscules pour retrouver leur prénom.
Recopie-le sous chaque bébé.

Échauffe-toi !

Entoure les lettres écrites en majuscules.

K F z p D r y B
q X h v W

Mémo page 65 • Solutions page I

Le trésor d'Ali Baba

Ali Baba et ses amis ont trouvé un trésor ! Ils veulent le partager mais aucun ne sait bien compter.

Relie chaque tapis à l'objet manquant pour que chacun ait une part égale du butin.

Échauffe-toi !

Coche la bonne réponse le plus vite possible :

- ■ 4 + 7 = 20
- ■ 6 + 12 = 18
- ■ 8 + 9 = 21

Mémo page 72 • Solutions page I

Les habits du prince

En cherchant sa fiancée, le prince Harry a déchiré ses habits dans les ronces. Impossible de se présenter ainsi devant la princesse !

Aide-le à trouver le chemin le plus court pour rejoindre le château en passant par la boutique de vêtements.

Échauffe-toi !

Entoure la flèche qui indique la gauche.

→ ↓ ← ↓

Mémo page 79 • Solutions page I

Croque-chapeau

Qui a grignoté le chapeau
de madame Jolie ?

Barre dans la grille les noms d'animaux qui correspondent aux dessins ci-dessous.
Le nom du coupable est écrit
à la verticale.

Écris-le sous son portrait !

Échauffe-toi !

Lequel de ces mots désigne
un fruit ? Coche-le :

- ☐ benana
- ☐ nanabe
- ☑ banane
- ☐ banena

S	C	O	C	H	O	N	K
O	I	L	I	M	A	C	E
U	O	I	S	E	A	U	P
R	G	I	R	A	F	E	J
I	C	M	O	U	T	O	N
S	B	C	H	E	V	A	L

Mémo page 65 • Solutions page I

Au secours, un chat !

Pour échapper à Rominet, Mimi doit vite avaler la potion numéro 9 qui rend invisible !

Effectue les additions, puis écris sur chaque étiquette le chiffre correspondant au résultat. Entoure la potion que Mimi doit boire.

Échauffe-toi !

Calcule mentalement le plus vite possible :

7 + 1 = ...
7 + 11 = ...
10 + 15 = ...

Mémo page 72 • Solutions page I

La planète Groumf

Sur la planète Groumf,
tout le monde est très poli !

Observe le dessin et écris dans chaque bulle la formule de politesse qui convient à chacun.

Échauffe-toi !

Quand on vouvoie quelqu'un, que dit-on lorsqu'on s'adresse à lui ? Coche la bonne réponse.

- ta majesté
- tu
- vous

Mémo page 84 • Solutions page I

Les amoureux

Ludo le poisson est tombé amoureux…

Colorie le dessin en t'aidant du code et tu découvriras sa fiancée !

Entoure l'étiquette correspondante.

Nini la pieuvre — Lili l'otarie

Échauffe-toi !

Entoure le son que l'on entend deux fois :

fou – ché
mi – ra – ko
li – bu

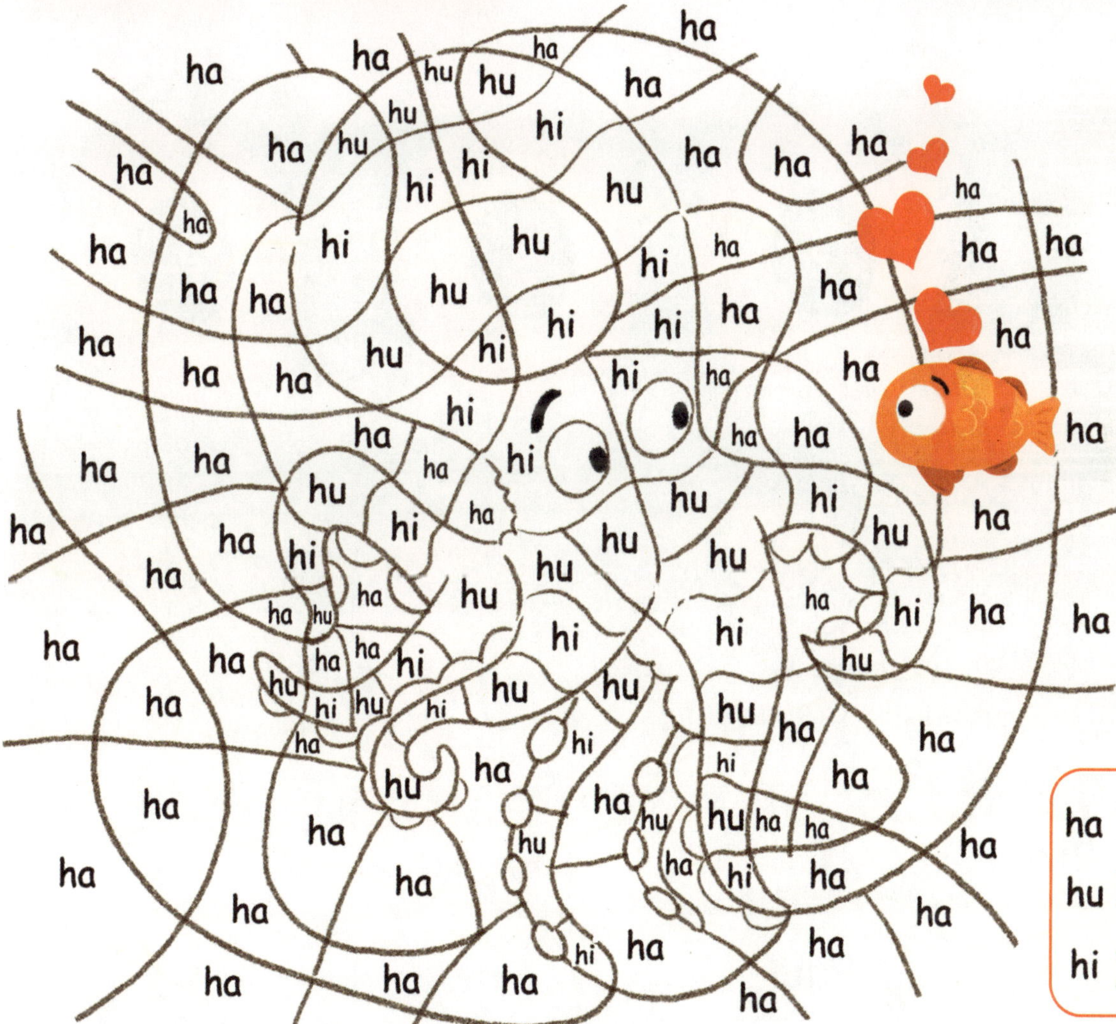

ha
hu
hi

Mémo page 66 • Solutions page II

Le grand tournoi

Les chevaliers s'affrontent au tir à l'arc !

Compte les points sur les cibles et écris le résultat dans les cases. Entoure celui qui fera le score le plus élevé.

Échauffe-toi !

Écris le chiffre qui manque pour compléter l'addition :

2 + ... = 10

☐ Robin

☐ Paul

☐ Jean

Mémo page 73 • Solutions page II

Méli-mélo d'oiseaux

Au fil des semaines, Zora a photographié les oiseaux de son jardin. Mais en voulant faire son album, elle a mélangé les photos !

Numérote-les pour les remettre dans l'ordre, depuis la rencontre des parents jusqu'à l'envol des petits.

Échauffe-toi !

Quel animal ne sort pas d'un œuf ?

- ■ le corbeau
- ■ le crocodile
- ■ le chat
- ■ le poussin
- ■ la tortue

Mémo page 79 • Solutions page II

Le prince ensorcelé

La sorcière Verrue a jeté un sort au prince !
Léa doit l'embrasser pour le sauver.
Son prénom commence par la lettre la plus éloignée dans l'alphabet.
Mais lequel est-ce ?

Numérote les crapauds dans l'ordre alphabétique et tu trouveras le prince.

Échauffe-toi !

Numérote ces 3 mots selon leur ordre d'apparition dans l'alphabet :

- ☐ grenouille
- ☐ crapaud
- ☐ têtard

Mémo page 66 • Solutions page II

Le roi du marécage

Le singe, l'alligator et l'hippopotame jouent aux cartes pour désigner le roi du marécage !
L'alligator dit qu'il a gagné mais les autres ne sont pas d'accord.

Compte combien chaque animal a de points et tu sauras qui est le roi.

Entoure-le.

Échauffe-toi !

Dis vite quel nombre il y a avant 16 !

Mémo page 73 • Solutions page II

Une journée sur la Terre

Gloups a passé une merveilleuse journée sur la Terre ! Il envoie une carte à ses parents pour tout leur raconter.

Aide-le à compléter les pendules en dessinant les aiguilles.

Échauffe-toi !

Coche l'heure qui correspond à quatre heures et demie de l'après-midi ?

- ■ 4 h 30
- ■ 2 h 30
- ■ 14 h 30
- ■ 16 h 30

À 9 h, j'ai visité la Tour Eiffel.

À midi, j'ai pêché au Pôle Nord.

À 14 h, j'ai cueilli une noix de coco dans un palmier.

À 21 h, j'ai dansé avec une terrienne.

À 16 h 30, j'ai goûté avec un nouvel ami.

Mémo page 80 • Solutions page II

La potion magique

Mina hésite sur les ingrédients à mettre dans sa potion !

Entoure ceux qui contiennent le son [s], [l] ou [m] pour l'aider à choisir. Puis relie-les à l'étiquette correspondante.

Échauffe-toi !

Répète le plus vite possible :
« Momo le mérou est l'ami de Sissi la sirène. »

Mémo page 66 • Solutions page II

La partie de dés

Si le loup gagne aux dés,
il a promis de ne pas manger
le Petit Chaperon rouge !
La fillette a les dés rouges
et le loup les verts.

Complète les résultats de chaque partie avec le signe <, >, ou =, puis écris le nom du gagnant !

Échauffe-toi !

Coche l'affirmation exacte :

- ■ 3 < 2
- ■ 8 > 9
- ■ 6 > 7
- ■ 4 < 5
- ■ 5 > 8

C'est ________________________________

qui a gagné le plus de parties.

Mémo page 73 • Solutions page II

Le repas des animaux

Jojo a besoin de toi pour nourrir les animaux du zoo !

Relie chaque animal au repas qui lui convient.

Échauffe-toi !

Quels animaux sont herbivores ? Coche les bonnes cases.

- ■ la poule
- ■ le lapin
- ■ la chauve-souris
- ■ le renard
- ■ le mouton

Mémo page 80 • Solutions page II

Le Père Noël étourdi

Le Père Noël hésite en distribuant les cadeaux !

Complète les phrases pour savoir ce qu'il a apporté à chacun.

Puis remets de l'ordre en écrivant le nom du bon cadeau sous la bonne personne.

Échauffe-toi !

Compte combien de fois tu entends le son « v » dans la phrase : « Les vers verts levèrent leur verre vers le ver vert. »

....

Maman a eu un vé______ .

Papa a eu un ro______ .

Benoît a eu une ro______ .

Annie a eu une cra______ .

bot

lo

vate

be

Mémo page 67 • Solutions page III

L'âge des tortues

Éva la pie a volé des bougies sur le gâteau d'anniversaire de Lili, Lulu et Lolo !

Lis l'âge des tortues et complète leur gâteau en entourant des bougies rouges pour les dizaines et des bougies bleues pour les unités.

Échauffe-toi !

Dis vite combien il y a de dizaines et d'unités dans le nombre 32 !

Lili Lulu Lolo

Mémo page 74 • Solutions page III

Hello, everybody!

Aujourd'hui, Tom, Claire et Rachel rencontrent pour la première fois leurs correspondants anglais !

Écris dans les bulles ce qu'ils disent pour se présenter.

Échauffe-toi !

Comment les Anglais disent-ils « bonjour » le matin ? Coche la bonne réponse.

- ☐ Good morning!
- ☐ Good afternoon!
- ☐ Good evening!

Mémo page 86 • Solutions page III

Le trésor du pirate

Aide Jojo à trouver le parchemin indiquant où est caché le trésor.

Sépare les mots par une barre.

Entoure la phrase correcte et fait une croix pour indiquer le bon endroit.

Échauffe-toi !

Termine la phrase à l'oral : « Quand le chat n'est pas là, … »

Mémo page 67 • Solutions page III

Le joueur de flûte

Rudy recevra autant de pièces d'or qu'il aura mené de rats hors de la ville !

Entoure les rats par paquets de dix, complète l'opération et écris le résultat sur le sac d'or du maire.

Échauffe-toi !

Combien manque-t-il de dizaines pour aller de 80 à 100 ?

10 + ___ + ___ = ___

Mémo page 74 • Solutions page III

Le chemin de l'école

Mathis, Flora, Luna et Elisa vont à l'école tout seuls ! Ils doivent faire attention à la circulation.

Entoure ceux qui respectent bien les règles de sécurité.

Échauffe-toi !

Lequel de ces panneaux interdit de passer dans une rue en voiture ou à vélo :

- ■ le sens interdit
- ■ le passage piéton
- ■ le stop

Mémo page 84 • Solutions page III

Panne d'essence

Bidibule doit faire le plein
de sa soucoupe volante.

Aide-le en barrant les carburants qui contiennent le son [j], [é], [è] ou [n].

Le carburant qui reste est
celui qu'il lui faut.

Entoure-le !

Échauffe-toi !

Coche les mots dans lesquels tu entends à la fois le son [j] et le son [n] :

- ■ joue
- ■ jupe
- ■ plage
- ■ fromage
- ■ journal
- ■ journée

Mémo page 67 • Solutions page III

Le trésor du pharaon

Déborah a trouvé le trésor du pharaon ! Pour le rejoindre, elle doit marcher sur les dalles paires, sinon elle tombera dans la fosse aux crocodiles !

Pour la guider, colorie en vert les dalles dont le total donne un chiffre pair.

Échauffe-toi !

Complète les opérations en t'aidant de la table d'addition du mémo :

1 + ___ = 9

17 = 9 + ___

12 = 6 + ___

___ + 7 = 14

Mémo page 74 • Solutions page III

Le fantôme coquet

Amédée est un petit fantôme très coquet ! Il change de tenue tous les jours.

Complète le nom des jours dans l'ordre.

Échauffe-toi !

Cite le plus vite possible les jours de la semaine. Lequel ne se termine pas par -di ?

Mémo page 80 • Solutions page III

La mini course

Qui va gagner la course ?

Pour le savoir, entoure l'animal dont le nom contient à la fois le son [f] et le son [ou].

Puis écris son nom sur le podium.

Échauffe-toi !

À l'oral, reconstitue la phrase le plus vite possible en remettant les mots dans l'ordre :
SONT – COMME
COPAINS – ILS
COCHONS

Le gagnant est
- la cigale
- la coccinelle
- la mouche
- la fourmi
- l'araignée
- la guêpe

.

Mémo page 68 • Solutions page III

La classe ensorcelée

Le nouveau maître, Monsieur Faribole, a des pouvoirs magiques. Il a ensorcelé les élèves !

Entoure les 7 différences entre les deux images et trouve quel sort il a jeté aux enfants.

Échauffe-toi !

Si tu lèves ton bras gauche devant le miroir, quel bras lève ton reflet ?

Mémo page 75 • Solutions page III

Aladin et le génie

Le génie a promis à Aladin de faire apparaître des animaux. Mais il vit depuis si longtemps dans sa lampe qu'il ne sait plus à quoi ils ressemblent.

Pour l'aider, complète le tableau des caractéristiques de chaque animal, en mettant des croix dans les bonnes cases.

Échauffe-toi !

Que signifie l'expression « Quand les poules auront des dents » ? Coche la bonne réponse.

- ■ jamais
- ■ dans quelques années
- ■ bientôt

	canard	cochon	poule	chèvre
sabots				✗
cornes				
plumes	✗			
bec			✗	
oreilles				
poils		✗		
pattes palmées				

Mémo page 81 • Solutions page IV

Où est Toki ?

Kito est petit, gros et joyeux.
Son frère Toki est tout l'inverse.

Trouve Toki en reliant les mots contraires entre eux.

Puis complète la description de Toki et entoure-le.

Échauffe-toi !

Entoure les 2 mots qui sont contraires :

peureux
timide
brutal
courageux

petit •	• triste
gros •	• grand
joyeux •	• maigre

Toki est ____________, ____________ et ____________.

Mémo page 68 • Solutions page IV

Bêtise au musée

En jouant au ballon dans le musée, Thomas a fait tomber une sculpture.

Repasse avec ton crayon sur les pointillés. Puis entoure le nombre de formes que tu vois.

Échauffe-toi !

Coche vite le nom des figures qui ont 4 côtés :

- ■ le carré
- ■ le cercle
- ■ le triangle
- ■ le rectangle

Cercle	Rectangle	Triangle	Carré
1 - 0 - 3	2 - 6 - 4	5 - 2 - 3	4 - 3 - 0

Mémo page 75 • Solutions page IV

L'invitation

Boris est content : son cousin Hubert l'invite à la campagne ! Mais la lettre d'Hubert est toute tachée de confiture et Boris ne comprend pas tout…

Complète-la en écrivant les bons mots aux endroits qui conviennent.

Échauffe-toi !

Coche tout ce qu'on peut trouver dans une ville.

- ■ une patinoire
- ■ une forêt
- ■ un cinéma
- ■ un pré
- ■ une ferme
- ■ un immeuble

fleurs	vache	campagne
tracteur	forêt	ferme

Cher cousin,

Viens me voir à la ______________,
nous ramasserons des champignons
dans la __________, nous pourrons cueillir
des ____________ dans les champs. Et
nous irons acheter du bon lait de ________
à la ________ avec mon ____________.

Mémo page 81 • Solutions page IV

Qui est-elle ?

Sophie cherche sa ponette pour lui donner une pomme.

Pour l'aider à la trouver, déchiffre les rébus et écris le prénom de chaque poney sur son box.

N'oublie pas la majuscule !

Échauffe-toi !

Entoure les noms propres dans la liste :

Marin, un marin, une rose, Rose, Romain, un romain, une prune, Prune.

Mémo page 68 • Solutions page IV

L'épreuve du dragon

Isidore le dragon a capturé la princesse Flora. Il laissera passer celui qui ne fera pas d'erreur en reproduisant son dessin. Qui pourra traverser le pont et délivrer Flora ?

Entoure le vainqueur.

Échauffe-toi !

Quelle est cette figure géométrique ?

Anatole

Auguste

Albert

Mémo page 75 • Solutions page IV

Le haricot magique

Jack a donné à chacun de ses enfants une graine de son haricot magique !

Entoure celui qui va réussir à la faire pousser.

C'est le seul qui sait bien jardiner.

Échauffe-toi !

Que signifie l'expression « Ça ne sent pas la rose » ?
Coche la bonne réponse :

- ■ Ça sent bon.
- ■ Ça sent mauvais.
- ■ Ça ne sent rien.

Paul

Gustave

Axel

Jacky

Théo

Mémo page 81 • Solutions page IV

Abracadabra !

Qui Pablo va-t-il sortir de son chapeau ? Pour le découvrir, **complète les mots avec « p », « t », « b » ou « d ».**
Le nom de l'animal mystère contient deux de ces sons.
Écris son nom.

Échauffe-toi !

« C'est un plat plein de pâtes plates. »
Dans cette phrase, entends-tu plus souvent le son [p] ou le son [t] ?

__oule

__or__ue

la__in

colom__e

din__on

__u__ois

L'animal mystère est : ______________________.

Mémo page 69 • Solutions page IV

La planète Miam-miam

Sur la planète Miam-miam, les friandises poussent en double quand on les arrose avec de la limonade !

Complète les opérations pour que Berlingot obtienne le double de friandises dans chaque parcelle de son jardin.

Échauffe-toi !

Coche le double de 6 et la moitié de 6.

- ■ 3
- ■ 10
- ■ 12
- ■ 14
- ■ 16
- ■ 22

1 + ___ = ___

2 + ___ = ___

3 + ___ = ___

Mémo page 76 • Solutions page IV

La petite souris

Souricette est très organisée ! Elle note les prénoms de tous les enfants qui ont perdu une dent sur son calendrier.

Observe-le, puis écris les prénoms qui conviennent sous les bocaux.

Échauffe-toi !

Quel est le 6e mois de l'année ?

Juin

L		6	13	20	27
M		7 Louis	14	21	28
M	1	8	15	22 Anouk	29
J	2	9	16 Théo	23	30 Jasmine
V	3	10	17	24	
S	4	11	18	25	
D	5 Elsa	12	19	26	

Mémo page 82 • Solutions page IV

Un intrus à la ferme

La pluie a effacé les noms des animaux de la ferme.

Retrouve-les en complétant les ardoises avec « ch » ou « in ».

Qui est l'intrus ?

Entoure-le.

Échauffe-toi !

Avec ces syllabes, crée vite plusieurs mots : che – mar – min – che – pin – la

Mémo page 69 • Solutions page V

Rue du Croissant

Quelqu'un a effacé des numéros
dans la rue du Croissant.
Le facteur est bien embêté !

Écris les numéros manquants pour l'aider à trouver la maison du Docteur Brioche. De quelle couleur est-elle ?

Échauffe-toi !

Trouve les deux chiffres qui suivent dans la série :
1, 3, 5, ___ , ___

La maison est ________ .

Mémo page 76 • Solutions page V

Tenue d'espionnage

Grâce à sa machine, Gobi peut se transformer comme bon lui semble. Aujourd'hui, il veut ressembler à un humain.

Aide-le à donner les bonnes indications à sa machine pour qu'il ait le bon nombre d'oreilles, de bras, etc.

Échauffe-toi !

Nous avons cinq sens. Trouve celui qui manque dans cette liste : la vue, l'ouïe, le toucher, le goût et...

tête	1
oreilles	
yeux	2
nez	
bouche	
buste	
bras	
jambes	
mains	
pieds	

Mémo page 82 • Solutions page V

Les valises

Lilas et Pierre partent en vacances.
Aide-les à faire leur valise !

Entoure les objets dont les noms s'écrivent au pluriel et relie-les à la valise de Lilas. Barre ceux qui sont au singulier et relie-les à celle de Pierre.

Échauffe-toi !

Dans cette liste, entoure le mot au singulier :

des fleurs
un radis
les yeux

Mémo page 69 • Solutions page V

Page 2

- **Échauffe-toi !**

d, M, s.

- **Étrange apparition**

Jérôme a vu :

Page 3

- **Échauffe-toi !**

5 – 4 – 3 – 2 – 1.

- **À la pêche**

Niourk doit prendre le chemin **b**.
Il pêchera **9** poissons.

Page 4

- **Échauffe-toi !**

24 heures.

- **L'ourson mal réveillé**

F1, C2, A3, B4, D5, G6, E7.

Page 5

- **Échauffe-toi !**

KFDBXW.

- **Les frères serpents**

Les bébés serpents sont TOM, JULIE, SONIA, FRED.

Page 6

- **Échauffe-toi !**

6 + 12 = 18.

- **Le trésor d'Ali Baba**

Il manque une bague au voleur d'en haut, un rubis à celui de gauche et un sceptre à celui de droite.

Page 7

- **Échauffe-toi !**

C'est la 3e flèche.

- **Les habits du prince**

Page 8

- **Échauffe-toi !**

Banane.

- **Croque-chapeau**

S	C	O	C	H	O	N	K
O	I	L	I	M	A	C	E
U	O	I	S	E	A	U	P
R	G	I	R	A	F	E	J
I	C	M	O	U	T	O	N
S	B	C	H	E	V	A	L

La coupable est la souris.

Page 9

- **Échauffe-toi !**

8, 18, 25.

- **Au secours, un chat !**

4 + 5 = 9 ; 3 + 4 = 7 ; 1 + 4 = 5 ; 5 + 1 = 6 ; 5 + 3 = 8
Le bon flacon est le jaune.

Page 10

- **Échauffe-toi !**

Vous.

- **La planète Groumf**

En haut à gauche = Bonjour.
En haut au centre = Pardon.
En haut à droite = Au revoir.
En bas = Merci.

Page 11

Échauffe-toi !
On entend le son [i] 2 fois (dans mi et li).

Les amoureux
C'est Nini la pieuvre.

Page 12

Échauffe-toi !
8.

Le grand tournoi
Robin a gagné, il a 6 points.
Paul et Jean ont 5 points chacun.

Page 13

Échauffe-toi !
Le chat.

Méli-mélo d'oiseaux
F1, A2, C3, B4, E5, D6.

Page 14

Échauffe-toi !
1 : crapaud, 2 : grenouille, 3 : têtard.

Le prince ensorcelé
1 : Bijou ;

2 : Charmant ;

3 : Duduche ;

4 : Robert. Le prince est Robert.

Page 15

Échauffe-toi !
15.

Le roi du marécage
Le singe a 18 points, l'alligator 16, l'hippopotame 12.
Le roi est le singe.

Page 16

Échauffe-toi !
16 h 30.

Une journée sur la Terre

9 h

midi

14 h

16 h 30

21 h

Page 17

La potion magique
Dans sa potion, Mina met des limaces, un escargot et une souris.

Page 18

Échauffe-toi !
$4 < 5$.

La partie de dés
$6 + 6 > 5 + 2$;
$3 + 1 < 6 + 2$;
$4 + 5 > 6 + 2$;
$5 + 1 = 2 + 4$;
$3 + 5 > 1 + 6$.
C'est le loup qui a gagné le plus de parties.

Page 19

Échauffe-toi !
Le lapin et le mouton.

Le repas des animaux
La viande est pour le tigre et le lion, le poisson pour l'ours et les phoques, le foin pour l'éléphant et la girafe, les graines pour l'oiseau.

Page 20

- **Échauffe-toi !**

7 fois.

- **Le Père Noël étourdi**

Maman a eu un vélo au lieu d'une robe, papa un robot au lieu d'une cravate, Benoît une robe au lieu d'un robot, Annie une cravate au lieu d'un vélo.

Page 21

- **Échauffe-toi !**

3 dizaines et 2 unités.

- **L'âge des tortues**

Il faut 3 bougies rouges sur le gâteau de Lili, 3 bleues sur celui de Lulu, 2 rouges et 3 bleues sur celui de Lolo.

Page 22

- **Échauffe-toi !**

Good morning!

- **Hello, everybody!**

Rachel dit : Hello Sam, I am Rachel ; Claire dit : Hello Lucy, I am Claire ; Tom dit : Hello Malik, I am Tom.

Page 23

- **Échauffe-toi !**

Les souris dansent.

- **Le trésor du pirate**

Le trésor est caché sous le grand cocotier.

Page 24

- **Échauffe-toi !**

2.

- **Le joueur de flûte**

10 + 10 + 10 = 30.

Page 25

- **Échauffe-toi !**

Le sens interdit.

- **Le chemin de l'école**

Flora fait de la trottinette sur le trottoir et Elisa traverse au feu piéton vert.

Page 26

- **Échauffe-toi !**

Journal, journée.

- **Panne d'essence**

Le bon carburant est la soupe au chou.

Page 27

- **Échauffe-toi !**

8, 8, 6, 7.

- **Le trésor du pharaon**

3 + 1 = 4 ; 1 + 3 = 4 ; 5 + 3 = 8 ;
4 + 6 = 10.

Page 28

- **Échauffe-toi !**

Dimanche.

- **Le fantôme coquet**

Lundi Mardi Mercredi Jeudi

Vendredi Samedi Dimanche

Page 29

- **Échauffe-toi !**

ILS SONT COPAINS COMME COCHONS.

- **La mini course**

La fourmi a gagné.

Page 30

- **Échauffe-toi !**

Le bras droit.

- **La classe ensorcelée**

Les droitiers écrivent de la main gauche et les gauchers de la main droite.

Page 31

• Échauffe-toi !

Jamais.

• Aladin et le génie

	canard	cochon	poule	chèvre
sabots		x		x
cornes				x
plumes	x		x	
bec	x		x	
oreilles		x		x
poils		x		x
pattes palmées	x			

Page 32

• Échauffe-toi !

Peureux, courageux.

• Où est Toki ?

Toki est grand, maigre et triste.
C'est le troisième en haut à droite.

Page 33

• Échauffe-toi !

Le carré, le rectangle.

• Bêtise au musée

1 ○
6 ▭
3 △
0 □

Page 34

• Échauffe-toi !

Une patinoire, un cinéma, un immeuble.

• L'invitation

Dans l'ordre, les mots sont :
campagne, forêt, fleurs, vache, ferme, tracteur.

Page 35

• Échauffe-toi !

Marin, Rose, Romain, Prune.

• Qui est-elle ?

Les poneys sont Dédé (dé – dé), Théo (thé – eau), Pacha (pas – chat), Cachou (K – chou). La ponette est Natacha (natte – a – chat).

Page 36

• Échauffe-toi !

Un triangle.

• L'épreuve du dragon

Le vainqueur est Albert.

Page 37

• Échauffe-toi !

Ça sent mauvais.

• Le haricot magique

Seul Théo peut faire pousser le haricot :
il l'a planté en terre, lui donne de l'eau et du soleil.

Page 38

• Échauffe-toi !

On entend 4 fois [p] et 2 fois [t].

• Abracadabra !

Les mots sont : poule, lapin, dindon, tortue, colombe, putois. L'animal mystère est le putois.

Page 39

• Échauffe-toi !

3, 12.

• La planète Miam-miam

1 + 1 = 2 ; 2 + 2 = 4 ; 3 + 3 = 6.

Page 40

• Échauffe-toi !

Juin.

• La petite souris

1 : Louis, 2 : Théo, 3 : Anouk, 4 : Elsa, 5 : Jasmine.

Solutions

Page 41

• Échauffe-toi !
Marche, chemin, lapin.

• Un intrus à la ferme
Les animaux de la ferme sont la vache, le cheval, le lapin, le dindon. L'intrus est le singe.

Page 42

• Échauffe-toi !
7, 9.

• Rue du Croissant
La maison est bleue.

Page 43

• Échauffe-toi !
L'odorat.

• Tenue d'espionnage
Gobi a besoin de 2 oreilles, 1 nez, 1 bouche, 1 buste, 2 bras, 2 jambes, 2 mains, 2 pieds.

Page 44

• Échauffe-toi !
Un radis.

• Les valises
Lilas : des chaussettes, des pantoufles, des tongs, des bottes, des baskets.
Pierre : un tee-shirt, une casquette, un short, une bouée, de la crème solaire, un stylo.

Page 45

• Échauffe-toi !
9 cm.

• La baguette perdue
La baguette d'Henri est la 2e en partant de la droite.

Page 46

• Échauffe-toi !
X.

• Le baby-sitter
Les objets dangereux sont le four, la casserole, le mixeur, le couteau, le fer à repasser, les produits d'entretien et les médicaments.

Page 47

• Échauffe-toi !
Une perle.

• Les duos
Un cochon gourmand et la poule gourmande, une gentille abeille et un agneau gentil, une éléphante bavarde et le pou bavard partent ensemble.
Un âne poli et le mouton malpoli partent seuls.

Page 48

• Échauffe-toi !
Un kilo de plumes pèse autant qu'un kilo de pierres.

• Un tour en montgolfière
L'animal le plus léger est la marmotte (7 kg).

Page 49

• Échauffe-toi !
Propreté, malpropre.

• Les conseils du docteur Foldingue
Tiens ton corps propre, brosse tes dents, lave tes mains avant les repas, mange des aliments variés, prends tes repas à la même heure, couche-toi tôt, mets un pansement sur tes coupures.

Page 50

• Échauffe-toi !
Zèbre, zorille, zébu… Zoé, Zazie, Zébulon…

• Les animaux malades
Il faut entourer les lions, le tamanoir, le zèbre, le pingouin et le bison.

Page 51

• Échauffe-toi !
4.

• Les animaux au régime
Il faut barrer 5 croquettes dans l'écuelle du chat, 10 dans celle du chien et 4 dans celle du lapin.

Page 52

• Échauffe-toi !
Purple.

- **L'aspirateur à couleurs**

BLUE = bleu, YELLOW = jaune, GREEN = vert,
RED = rouge, PINK = rose, BROWN = marron.

Page 53

- **Échauffe-toi !**

Menthe, mangue, jambon.

- **L'école des diables**

Diabolo : je mange salement ;
Malpolo : je ne suis jamais gentil ;
Satano : je fais des gribouillis ;
Lucifero : je suis méchant avec maman ;
Angelo : je me lave les dents. Angelo est trop sage.

Page 54

- **Échauffe-toi !**

4, 6, 7.

- **La tournée d'Halloween**

Le squelette a 6 bonbons, le fantôme 6, la sorcière 6.
Fred en aura 2 + 1 + 3 = 6.

Page 55

- **Échauffe-toi !**

Le fromage.

- **L'ogre gourmand**

Le bon plateau est le plateau D.

Page 56

- **Échauffe-toi !**

Lili lit sur son lit.

- **La chorale des animaux**

Le chat miaule, le lion rugit, le chien aboie, la vache meugle et la girafe ne sait pas chanter.

Page 57

- **Échauffe-toi !**

50 centimes,
10 centimes,
5 centimes,
1 centime.

- **Les plantes carnivores**

Falbala doit payer 6 euros :
3 pièces de 2 euros
ou 2 pièces de 2 euros et 2 pièces de 1 euro
ou 1 pièce de 2 euros et 4 pièces de 1 euro

Page 58

- **Échauffe-toi !**

100 ans.

- **La grotte enchantée**

Les intrus sont la télévision, le robinet, les bottes, la marmite, la lampe, le parapluie et le téléphone.

Page 59

- **Échauffe-toi !**

Cave, colle, culotte.

- **Drôle de carrosse**

Le carrosse s'est transformé en baleine.

Page 60

- **Échauffe-toi !**

Un carré.

- **À chacun sa monture !**

D1, A2, B3, C4. Le gros chevalier va monter sur le cochon.

Page 61

- **Échauffe-toi !**

Glacé, glacial, glaçon, glacière...

- **Le géant Aglagla**

Les fontaines B, C, D ont gelé.

Page 62

- **Échauffe-toi !**

Il n'est pas peureux.

- **La maison des Ours**

Page 63

• Échauffe-toi !

13, 15, 17, 19 ;
28, 30, 32, 34.

• Peur bleue

Page 64

• Échauffe-toi !

Le drapeau tricolore.

• Jour de fête

Le drapeau français est bleu, blanc et rouge.
La devise est : LIBERTÉ, ÉGALITÉ, FRATERNITÉ.

La baguette perdue

Henri a perdu sa baguette magique !

Aide-le à la retrouver en classant toutes les baguettes de la plus petite à la plus grande.

Celle d'Henri est la cinquième en partant de la plus petite.

Colorie-la en rouge.

Échauffe-toi !

Entoure la plus petite longueur :

18 m 20 m 13 cm
9 cm 1 m 14 km

Mémo page 76 • Solutions page V

Le baby-sitter

La maman d'Olivier et Mathilde est étourdie : elle a laissé traîner des objets dangereux dans sa cuisine. Ses enfants sont en danger !

Aide Basile, le baby-sitter, à en entourer 7 pour protéger les petits.

Échauffe-toi !

Coche le signe qui indique qu'un produit est dangereux.

■ ◊ ■ X ■ Z

Mémo page 84 • Solutions page V

Les duos

Qui se ressemble s'assemble !

Relie les animaux qui vont partir en vacances deux par deux et entoure les deux qui vont partir tout seuls.

Échauffe-toi !

Coche le seul mot qui est précédé de l'article qui convient :

- ☐ la garçon
- ☐ un fleur
- ☐ une perle
- ☐ le fille
- ☐ le avion

un cochon gourmand •

• le pou bavard

un âne poli •

• un agneau gentil

une gentille abeille •

• le mouton malpoli

une éléphante bavarde •

• la poule gourmande

Mémo page 70 • Solutions page V

Un tour en montgolfière

Monsieur Nuage a décidé d'offrir un tour de montgolfière au plus léger des animaux !

Lis le poids indiqué par la balance. Puis relie l'animal le plus léger à la nacelle.

Échauffe-toi !

Dis ce qui pèse le plus lourd : un kilo de plumes ou un kilo de pierres.

Mémo page 77 • Solutions page V

Les conseils du docteur Foldingue

Échauffe-toi !

Cite deux mots de la même famille que « propre ».

Le docteur Foldingue est venu à l'école pour donner des conseils aux enfants. Mais il s'est trompé dans sa liste !

Corrige ses erreurs en reliant les phrases aux mots qui conviennent.

- dents •
- coupures •
- variés •
- heure •
- mains •
- propre •
- tôt •

- • Tiens ton corps sale.
- • Brosse tes serpents.
- • Lave tes chiens avant les repas.
- • Mange des aliments cariés.
- • Prends tes repas à la même hauteur.
- • Couche-toi tard.
- • Mets un pansement sur tes voitures.

Mémo page 82 • Solutions page V

Les animaux malades

Au zoo, cinq animaux ont mal à la gorge !

Aide Zoé à les trouver. Leur nom contient les sons [z], [oi], [oin] ou [ion]. Entoure-les.

Échauffe-toi !

Trouve un nom d'animal et un prénom qui contiennent le son [z].

Mémo page 70 • Solutions page V

Les animaux au régime

Joachim a donné trop de croquettes aux animaux : ils vont être malades !

**Lis ce qu'il faut donner à chacun sur chaque écuelle.
Puis barre les croquettes qui sont en trop.**

Échauffe-toi !

Dans cette suite, dis combien on a soustrait pour passer d'un nombre au suivant :
20, 16, 12, 8, 4

Mémo page 77 • Solutions page V

L'aspirateur à couleurs

William a fait disparaître les couleurs de la ville avec son aspirateur ! Pour l'aider à réparer ses bêtises,

colorie les pots de peinture selon la couleur indiquée en anglais, puis colorie les objets.

Échauffe-toi !

Comment dit-on « violet » en anglais ?

- ☐ black
- ☐ purple
- ☐ white

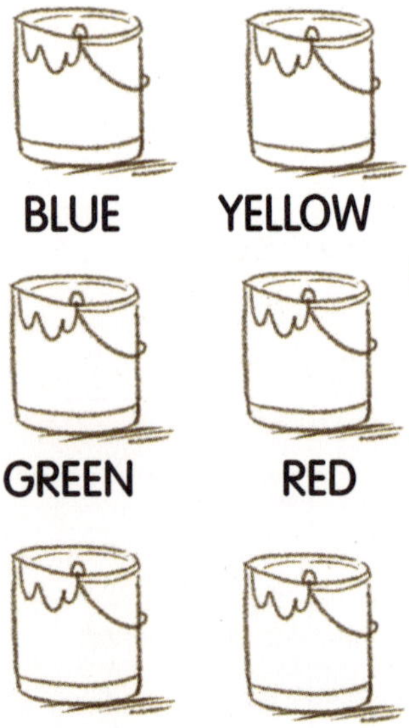

Mémo page 86 • Solutions page V

L'école des diables

À l'école des diablotins on a dix sur dix quand on n'est pas sage !

En t'aidant du code, lis dans les cahiers ce que font les bons élèves.

Pourquoi Angelo a-t-il eu zéro ?

Échauffe-toi !

Dans quels mots entends-tu le son [an] ? Entoure-les.

menthe – pain
mangue – jambon

Mémo page 70 • Solutions page VI

La tournée d'Halloween

Fred n'a pas de bonbons !
Ses amis décident de lui en offrir.

Barre ceux qu'ils lui donnent et complète les opérations pour savoir ce qu'il leur reste.

Dessine le bon nombre de bonbons que Fred aura dans son sac.

Échauffe-toi !

Écris très vite la moitié
de 8 : ___
de 12 : ___
de 14 : ___

$8 - 2 =$ ___

$7 - 1 =$ ___

$9 - 3 =$ ___

___ + ___ + ___ = ___

Mémo page 77 • Solutions page VI

L'ogre gourmand

À force de manger des enfants, Gougnaffe ne sait plus ce qu'est un repas équilibré.

Aide-le en coloriant le plateau qui contient le meilleur menu pour la santé.

Échauffe-toi !

Parmi ces aliments, coche celui qui contient du lait :

- ■ poisson
- ■ poulet
- ■ frites
- ■ fromage

Mémo page 83 • Solutions page VI

La chorale des animaux

Rien ne va plus à la chorale !
Les animaux se trompent de verbe, leurs bulles sont mélangées.

Pour qu'ils chantent comme il faut, relie chaque bulle à l'animal correspondant.

Échauffe-toi !

Entoure le verbe dans la phrase :

« Lili lit sur son lit. »

Mémo page 71 • Solutions page VI

Les plantes carnivores

Falbala adore les plantes carnivores !

Écris sur la caisse combien elle doit payer pour celles qu'elle achète.

Puis entoure le nombre de pièces qu'elle va utiliser pour payer.

Pose tes calculs.

Échauffe-toi !

Coche les pièces de monnaies qui existent vraiment.

- ■ 50 centimes
- ■ 27 centimes
- ■ 10 centimes
- ■ 5 centimes
- ■ 3 centimes
- ■ 1 centime

Mémo page 78 • Solutions page VI

La grotte enchantée

Pour faciliter la vie des hommes préhistoriques, la fée Moderne leur a offert 7 objets d'aujourd'hui.

Entoure les intrus dans l'image.

Échauffe-toi !

Combien y a-t-il d'années dans un siècle ?
Coche la bonne réponse.

- ■ 1 an
- ■ 10 ans
- ■ 100 ans
- ■ 1 000 ans

Mémo page 83 • Solutions page VI

Drôle de carrosse

Il est minuit, le carrosse de Cendrillon vient de se transformer.

Pour savoir ce qu'il est devenu, trouve le mot de 7 lettres dans lequel le son [è] s'écrit « ei ». Entoure-le.

Échauffe-toi !

Dans quels mots la lettre « c » se prononce [k] ? Entoure-les.

cigale – cave – colle
culotte – cerf

citrouille

baleine

fraise

peinture

camion

miel

Mémo page 71 • Solutions page VI

À chacun sa monture !

Les chevaliers ont tiré
à la courte paille !

Aide-toi du tableau pour relier chacun à la monture qu'il aura pour le tournoi.

Entoure celui qui montera le cochon.

Échauffe-toi !

Dans ce mini tableau, qu'y a-t-il au croisement de la ligne 1 et de la colonne 4 ?

■	●	×	■	◆
×	◆	●	×	×
●	×	■	◆	■

	cheval	cochon	âne	mini poney
gros chevalier		■		
moyen chevalier			■	
grand chevalier				■
mini chevalier	■			

Mémo page 78 • Solutions page VI

Le géant Aglagla

Aglagla a envoyé son souffle glacial sur les fontaines du parc !

Lis la température indiquée par les thermomètres et entoure les fontaines qui ont gelé.

Échauffe-toi !

Dis très vite deux mots qui font partie de la même famille que « glace ».

Mémo page 83 • Solutions page VI

La maison des Ours

Boucle d'or cherche la maison des Ours.
Aide-la à trouver le bon chemin !

À chaque carrefour, suis la direction indiquée par le mot le plus précis.

Échauffe-toi !

« Il n'a pas froid aux yeux », cela veut dire :
- ■ Il n'est pas frileux.
- ■ Il n'est pas peureux.

Mémo page 71 • Solutions page VI

Peur bleue

Pourquoi le chevalier Jean Sans-Peur s'enfuit-il du château ?

Colorie en bleu les cases avec un nombre impair et laisse en blanc les cases avec un nombre pair pour voir ce qui l'a effrayé.

Échauffe-toi !

Cite les quatre nombres qui suivent dans chacune de ces deux séries :

1 3 5 7 9 11 …

16 18 20 22 24 26 …

Mémo page 78 • Solutions page VII

Jour de fête

Pour le 14 juillet, le maire veut que la mairie soit belle !

Dessine le drapeau français en haut du mât et complète sur la façade la devise de la République Française.

Échauffe-toi !

Comment appelle-t-on le drapeau français ? Coche la bonne réponse.

- ■ le drapeau bicolore
- ■ le drapeau tricolore
- ■ le drapeau multicolore

Mémo page 85 • Solutions page VII

PAGE 2

Étrange apparition

L'alphabet

- **C'est important de connaître les lettres pour lire et écrire des mots.**
- Notre **alphabet** est composé de **26 lettres** :
  6 voyelles et **20 consonnes.**
  A B C D E F G H I J K L M N O P Q R S T U V W X Y Z

PAGE 5

Les frères serpents

Différencier les minuscules et les majuscules

- Les lettres peuvent s'écrire en **minuscules** :
  a b c d e f g h i j k l m n o p q r s t u v w x y z
  a b c d e f g h i j k l m n o p q r s t u v w x y z
- Ou en **majuscules** :
  A B C D E F G H I J K L M N O P Q R S T U V W X Y Z
  A B C D E F G H I J K L M N O P Q R S T U V W X Y Z

PAGE 8

Croque-chapeau

Identifier un mot/séparer les mots dans une phrase

- Les **mots** sont écrits avec des **lettres** qui forment des **syllabes.**
  *vélo → vé / lo : 4 **lettres** et 2 **syllabes***
- Quand on écrit une phrase, **on sépare les mots** entre eux par des **espaces** :
  Mon / vélo / est / bleu : Mon vélo est bleu.

PAGE 11

Les amoureux

Les sons [a], [u], [i]

- Le son [a] s'écrit **a A** *a A*.
  un chat
- Le son [i] s'écrit **i I** *i I* ou **y Y** *y Y*.
  un lit, un pyjama
- Le son [u] s'écrit **u U** *u U*.
  une rue

PAGE 14

Le prince ensorcelé

Ranger les mots dans l'ordre alphabétique

- A, B, C, D, E, F, G, H, I, J, K, L, M, N, O, P, Q, R, S, T, U, V, W, X, Y, Z
- Savoir **l'ordre alphabétique** permet de ranger des mots ou de les retrouver dans le dictionnaire.
- Il faut regarder les premières lettres de chaque mot pour pouvoir les ranger. *Ananas* vient avant *banane*.
  ananas / banane / framboise / mangue / prune

PAGE 17

La potion magique

Les sons [s], [l], [m]

- Le son [s] s'écrit **s S** *s S*. Quelquefois il s'écrit aussi : **ss, c, ç, t, sc.**
  un serpent
- Le son [l] s'écrit **l L** *l L*. Quelquefois il s'écrit aussi : **ll,** *ll*.
  une limace
- Le son [m] s'écrit **m M** *m M*. Quelquefois il s'écrit aussi : **mm,** *mm*.
  un mouton

PAGE 20

Le Père Noël étourdi

Les sons [e], [o], [v], [r]

- Le son [e] s'écrit **e E** *e E*. Quelquefois il s'écrit aussi : **eu, œu,** *eu, œu.*

un requin

- Le son [o] s'écrit **o O** *o O*. Quelquefois il s'écrit aussi : **au, eau,** *au, eau.*

une moto

- Le son [v] s'écrit **v V** *v V*.

un vélo

- Le son [r] s'écrit **r R** *r R*. Quelquefois il s'écrit aussi : **rr,** *rr.*

une roue

PAGE 23

Le trésor du pirate

Identifier une phrase

- Une phrase est **une suite de mots qui veut dire quelque chose.**
- Quand on l'écrit, on commence par une **majuscule** et on termine par un **point**.

Je vais à la plage. *Nous allons au marché.*

PAGE 26

Panne d'essence

Les sons [j], [é], [è], [n]

- Le son [j] s'écrit **j J** *j J*. Quelquefois il s'écrit aussi : **g, ge,** *g, ge, G.*

une jupe

- Le son [é] s'écrit **é É** *é É*. Quelquefois il s'écrit aussi : **ée, er, ez,** *ée, er, ez.* *une étoile*
- Le son [è] s'écrit **è È** *è È*. Quelquefois il s'écrit aussi : **ê, et, ai, ei,** *ê, et, ai, ei.* *une règle*
- Le son [n] s'écrit **n N** *n N*. Quelquefois il s'écrit aussi : **nn,** *nn.*

un nid

PAGE 29

La mini course

Les sons [f], [ou], [on]

- Le son [f] s'écrit **f F** *f F*. Quelquefois il s'écrit aussi : **ff**, **ph**, *ff*, *ph*.
  une fée
- Le son [ou] s'écrit **ou** *ou*.
  un loup
- Le son [on] s'écrit **on** *on*. Quelquefois il s'écrit aussi : **om**, *om*.
  un bonbon

PAGE 32

Où est Toki ?

Utiliser, trouver les contraires

- Certains mots ont des **contraires** :
  petit est le contraire de ***grand***
- Quelquefois, on peut fabriquer le contraire d'un mot en ajoutant une syllabe devant :
  possible → ***im***possible
  coller → ***dé***coller

PAGE 35

Qui est-elle ?

Reconnaître le nom commun et le nom propre

- **Certains noms commencent toujours par une majuscule :** on les appelle les **noms propres**.
  Ce sont les prénoms, les noms de famille, de personnages, les noms de villes, de pays et de leurs habitants.
  Nina, la France, des Américains, Marseille, etc.
- Les **noms communs** n'ont pas de majuscule.
  *Je bois du **chocolat** avec ma **tata** et son **chat**.*

PAGE 38

Abracadabra !

Les sons [p], [t], [d]

- Le son [p] s'écrit **p P** *p P*. Quelquefois il s'écrit aussi : **pp**, *pp*.
  une poupée
- Le son [t] s'écrit **t T** *t T*. Quelquefois il s'écrit aussi : **tt**, *tt*.
  une tortue
- Le son [d] s'écrit **d D** *d D*.
  un doigt

PAGE 41

Un intrus à la ferme

Les sons [ch] et [in]

- Le son [ch] s'écrit **ch** *ch*.
  un chien
- Le son [in] s'écrit **in** *in*.
  Quelquefois il s'écrit aussi : **im, ain, ein, un**, *im, ain, ein, un*.
  un lapin

PAGE 44

Les valises

Le nombre

- Quand on parle, **on désigne une chose ou plusieurs choses** :
  une maison : ce mot est au **singulier** (une seule maison).
  des enfants : ce mot est au **pluriel** (plusieurs enfants).
- Quand on écrit, le plus souvent **on met un « s » ou un « x » à la fin des mots au pluriel** :
  *des maison**s**, des bateau**x***

PAGE 47

Les duos

Le genre

- On fait la différence entre **le féminin et le masculin :**
  une rose, une fille, une amie sont **des mots féminins.**
  un arbre, un garçon, un ami sont **des mots masculins.**
- Pour obtenir le mot au **féminin**, on peut souvent **ajouter un « e »** au mot masculin :
  un ami → une amie
  un lapin → une lapine

PAGE 50

Les animaux malades

Les sons [z], [oi], [oin], [ion]

- Le son [z] s'écrit **z Z** *z Z*. Quelquefois il s'écrit aussi : **s**, *s*.
  un zèbre
- Le son [oi] s'écrit **oi** *oi*. *un roi*
- Le son [oin] s'écrit **oin** *oin*. *un point*
- Le son [ion] s'écrit **ion** *ion*. *un lion*

PAGE 53

L'école des diables

Les sons [an], [en], [g]

- Le son [an] s'écrit **an** *an*. Quelquefois il s'écrit aussi : **am, en, em, aon**, *am, en, em, aon*.
  un enfant
- Le son [g] s'écrit **g G** *g G*. Quelquefois il s'écrit aussi : **gu**, *gu*.
  un gâteau

PAGE 56

La chorale des animaux

Le verbe

Le plus souvent, un **verbe est un mot qui sert à exprimer une action** : **dormir, jouer, chanter, partir.**

*je **dors**, tu **joues**, la petite fille **chante**, vous **partez**…*

PAGE 59

Drôle de carrosse

Les sons [c], [ai], [ei]

- Le son [c] s'écrit **c C** c *C*. Quelquefois il s'écrit aussi : **qu, k, ch**, *qu, k, ch.*

  un café

- Le son [è] s'écrit **è** *è*. Quelquefois il s'écrit aussi : **ê, et, ai, ei**, *ê, et, ai, ei.*

  un peigne

PAGE 62

La maison des Ours

Trouver le mot précis

- Il existe des **mots étiquettes** comme *animaux, fleurs, légumes.*
- Mais **on peut être plus précis en nommant** des animaux *(lapin, chat, requin…)* ou des fleurs *(rose, tulipe…).*

PAGE 3

À la pêche

Les nombres de 1 à 9

- On lit les nombres de 1 à 9 dans cet ordre :
  1 - 2 - 3 - 4 - 5 - 6 - 7 - 8 - 9
- Chaque nombre représente une collection :
  ***1** doigt, **2** doigts, **5** doigts, **8** doigts, **10** doigts*

PAGE 6

Le trésor d'Ali Baba

Utiliser le signe =

Pour montrer qu'il y a autant d'objet dans deux ensembles, on utilise le signe =.

36 = 36 12 + 4 = 8 + 8 25 = 21 + 4

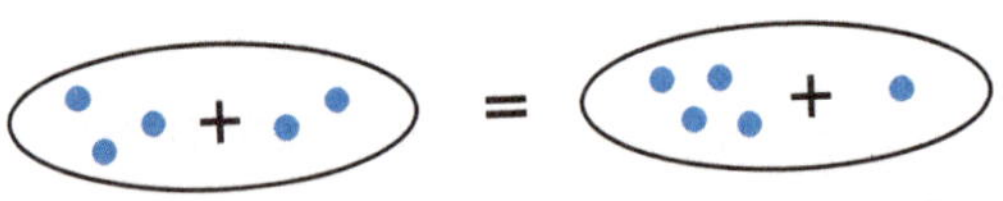

3 + 2 = 4 + 1

PAGE 9

Au secours, un chat !

L'addition, le signe +

- On peut écrire un **nombre** avec un **mot**.
  3 = trois
  8 = huit
- On peut aussi écrire un **nombre** avec une **opération**.
  3 = 2 + 1
  8 = 4 + 4 = 5 + 3 = 6 + 2…

PAGE 12

Le grand tournoi

Problème : résoudre une situation additive

On utilise le **signe +** pour calculer le **total d'une addition.**
On écrit : 3 + 2 + 1 = 6 ou :

$$\begin{array}{r} 3 \\ +\ 2 \\ \underline{+\ 1} \\ =\ 6 \end{array}$$

C'est une **addition.**

PAGE 15

Le roi du marécage

Les nombres de 10 à 19

- Les nombres de 10 à 19 forment une famille : ils ont tous **une dizaine.**
  10 - 11 - 12 - 13 - 14 - 15 - 16 - 17 - 18 - 19
- On peut les écrire de différentes façons :
  11 = onze = 10 + 1 = 6 + 5 …

PAGE 18

La partie de dés

Utiliser les signes < (inférieur à) et > (supérieur à)

- Avec les **signes < et >**, on peut **ranger des nombres** :
  $1 < 2 < 5 < 7 < 9$ ou $9 > 5 > 4 > 2$
- On peut aussi **comparer des collections** :
  $15 > 12$ ou $10 + 5 > 10 + 2$

PAGE 21

L'âge des tortues

Les dizaines et les unités

- Les nombres de 0 à 9 sont les **unités**.
- Les nombres plus grands que 10 ont des **dizaines** et des **unités**.

23 = ★ ★ ★ ★ ★ ★ ★ ★ ★ ★ + ★ ★ ★ ★ ★ ★ ★ ★ ★ ★ + ★ ★ ★
= 2 dizaines et 3 unités

PAGE 24

Le joueur de flûte

Les dizaines de 10 à 100

Pour calculer plus rapidement des grandes collections, on **regroupe les unités par 10**.

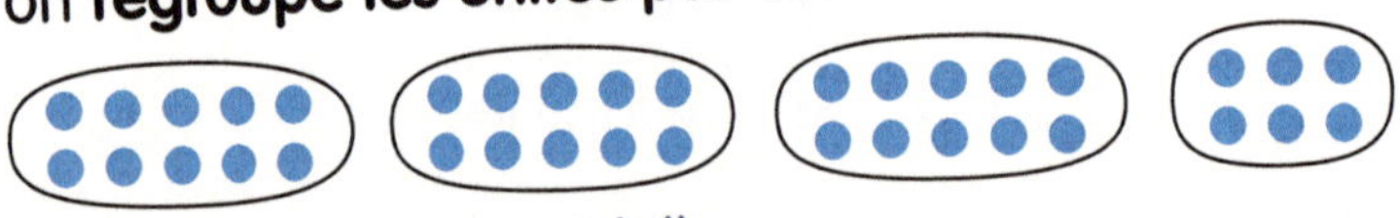

Il y a 10 + 10 + 10 + 6 billes.
3 dizaines et 6 unités = 36 billes

PAGE 27

Le trésor du pharaon

La table d'addition

Pour lire une table d'addition, on regarde au croisement d'une ligne et d'une colonne.

Par exemple, pour calculer
3 + 7 =
On voit que 3 + 7 = 10.

+	0	1	2	3	4	5	6	7	8	9	10
0	0	1	2	3	4	5	6	7	8	9	10
1	1	2	3	4	5	6	7	8	9	10	11
2	2	3	4	5	6	7	8	9	10	11	12
3	3	4	5	6	7	8	9	10	11	12	13
4	4	5	6	7	8	9	10	11	12	13	14
5	5	6	7	8	9	10	11	12	13	14	15
6	6	7	8	9	10	11	12	13	14	15	16
7	7	8	9	10	11	12	13	14	15	16	17
8	8	9	10	11	12	13	14	15	16	17	18
9	9	10	11	12	13	14	15	16	17	18	19
10	10	11	12	13	14	15	16	17	18	19	20

PAGE 30

La classe ensorcelée

Se repérer dans l'espace

- Quand tu regardes ton cahier, la **droite** est par là : →
- Quand tu regardes ton cahier, la **gauche** est par là : ←

*Le rond bleu est à **gauche** du rond rouge.*
*Le rond jaune est à **droite** du rond rouge.*

PAGE 33

Bêtise au musée

Reconnaître des formes géométriques

Ces formes s'appellent des formes géométriques :

un carré **un triangle** **un rectangle** **un cercle**

PAGE 36

L'épreuve du dragon

Reproduire une figure

Pour reproduire une figure dans un quadrillage,
on **repère les colonnes et les lignes.**

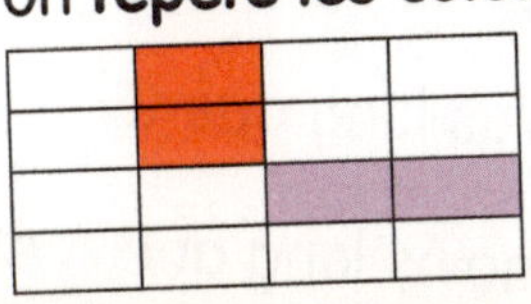

Les carrés rouges sont dans la deuxième colonne et dans les deux premières lignes.

PAGE 39

La planète Miam-miam

Le double, la moitié

- Pour calculer le **double** d'un nombre, on lui ajoute le même nombre :
  Le double de 3 : c'est 3 + **3** = **6** ou 3 x **2** = **6**
  Le double de 10 : c'est 10 + **10** = **20** ou 10 x **2** = **20**
- Pour calculer la moitié d'un nombre, on le partage en deux parts égales :
  La moitié de 4 : c'est **2** car **2 + 2 = 4**
  La moitié de 10 : c'est **5** car **5 + 5 = 10**

PAGE 42

Rue du Croissant

Compter de 2 en 2

- **Compter de 2 en 2**, c'est comme jouer à saute mouton : on saute un nombre !
  2 (3) 4 (5) 6 (7) 8…
- On peut compter de 2 en 2 dans l'**ordre croissant** :
  1 - 3 - 5 - 7 - 9 - 11
  ou **décroissant** : 12 - 10 - 8 - 6 - 4 - 2 - 0

PAGE 45

La baguette perdue

Comparer des longueurs

Pour comparer des longueurs, on utilise **son œil ou un outil** comme la règle.

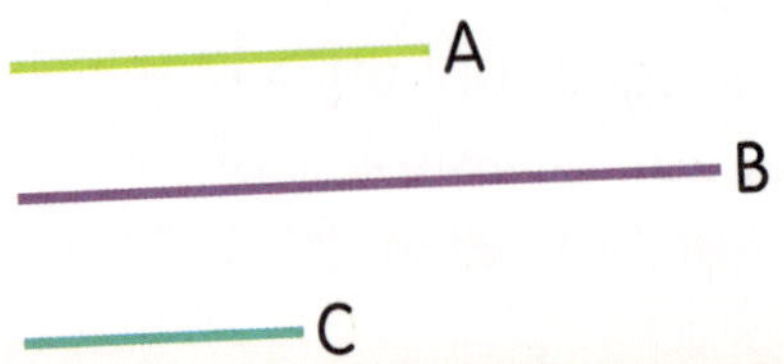

A est moins long que B.

B est plus long que C.

C est moins long que A et B.

PAGE 48

Un tour en montgolfière

Comparer des masses

Pour comparer des masses, on utilise **ses muscles ou un outil** : **la balance.**

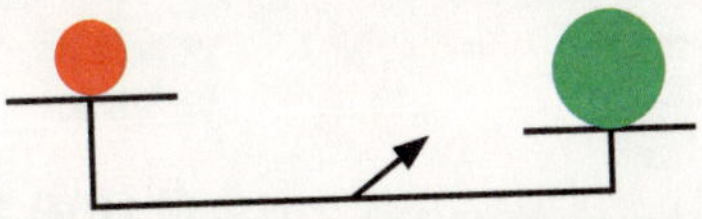

La balle verte est **plus lourde** que la balle rouge.
La balle rouge est **plus légère** que la balle verte.

PAGE 51

Les animaux au régime

La soustraction, le signe –

On utilise le **signe – pour enlever** :

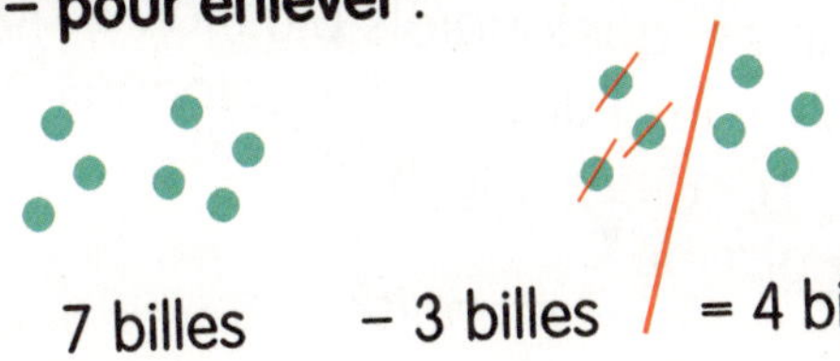

7 billes – 3 billes = 4 billes

On écrit : 7 – 3 = 4
C'est une **soustraction.**

PAGE 54

La tournée d'Halloween

Résoudre une situation soustractive

On utilise **le signe – pour enlever** :

9 billes – 4 billes = 5 billes

On écrit : 9 – 4 = 5
C'est une **soustraction.**

PAGE 57

Les plantes carnivores

Utiliser la monnaie

L'euro est notre monnaie : on utilise des billets et des pièces.

Quand on rend la monnaie, on fait une **soustraction**.
10 euros – 6 euros, je rends 4 euros.

PAGE 60

À chacun sa monture !

Le tableau à double entrée

Lire un tableau est quelquefois plus facile que lire un texte !
Il suffit de croiser les lignes et les colonnes pour trouver l'information.

	Lundi	Mardi
Ana	piscine	
Léo		tennis

Ici, on sait qu'Ana va à la piscine le lundi et que Léo fait du tennis le mardi.

PAGE 63

Peur bleue

Le nombre pair et le nombre impair

- On appelle les **nombres pairs**, tous les nombres qui **se terminent par 0 - 2 - 4 - 6 - 8**.
  *6 - 12 - 24 - 36 - 58 sont des **nombres pairs**.*
- On appelle les **nombres impairs**, tous les nombres qui **se terminent par 1 - 3 - 5 - 7 - 9**.
  *3 - 17 - 29 - 43 - 85 sont des **nombres impairs**.*

PAGE 4

L'ourson mal réveillé

Se repérer dans la journée

- **Une journée dure 24 heures** : elle a une partie **nuit** et une partie **jour.**
- **Les journées sont rythmées par les repas.**

Matin	Midi	Après-midi	Soir
Petit déjeuner	Déjeuner	Goûter	Dîner

PAGE 7

Les habits du prince

Utiliser un plan

- Un plan est un dessin simplifié d'un lieu vu d'en haut.
- Il permet de se repérer et d'aller où l'on veut en prenant la bonne route.

PAGE 13

Méli-mélo d'oiseaux

L'évolution d'un animal

- Les animaux sont des **êtres vivants** : ils naissent, grandissent et meurent.
- Certains donnent naissance à leurs petits et les allaitent : ce sont les **mammifères**.
- D'autres pondent des œufs comme **les oiseaux, les poissons, les insectes**, etc.

PAGE 16

Une journée sur la Terre

Lire ou dessiner l'heure sur un cadran

- Dans une journée, il y a **24 heures.**
  Dans une heure, il y a **60 minutes.**
- La **petite aiguille** indique **les heures** et la **grande aiguille** indique **les minutes.**

PAGE 19

Le repas des animaux

L'alimentation d'un animal

- Les animaux ont besoin de se nourrir, comme nous !
  Mais ils ne mangent pas tous la même chose.
- Certains mangent de la **viande** : ce sont des **carnivores** comme le chat ou le lion.
- D'autres mangent de l'**herbe** : la vache ou le mouton sont des **herbivores.**

PAGE 28

Le fantôme coquet

Les jours de la semaine

- Dans une semaine, il y a **7 jours.**

lundi	*mardi*	*mercredi*	*jeudi*	*vendredi*	*samedi*	*dimanche*

- La veille, hier, aujourd'hui, après-demain, etc. : ces mots permettent de se repérer dans le temps par rapport au moment où l'on parle.

PAGE 31

Aladin et le génie

La morphologie des animaux

Les animaux sont très différents mais on peut les classer en familles.

- Les **oiseaux** ont tous un bec, des plumes, des ailes, deux pattes.
- Les **mammifères** ont un pelage (des poils), 4 pattes (sauf les mammifères marins comme le dauphin).
- Les **poissons** ont des écailles et des nageoires.
- Les **insectes** ont tous 6 pattes et 2 antennes : l'araignée a 8 pattes, ce n'est pas un insecte !

PAGE 34

L'invitation

La ville et la campagne

- En ville, il y a des immeubles, parfois des maisons, de grands bâtiments, des bureaux, des commerces, beaucoup de gens.
- À la campagne, il y a des maisons, des fermes, des champs, des prés, moins de gens, il y a plus d'espace.

PAGE 37

Le haricot magique

Le cycle de vie d'une plante

- Les plantes (ou végétaux) sont des **êtres vivants** : elles naissent, grandissent et meurent.
- Le plus souvent, une **plante a besoin de terre, d'eau et de lumière**.

PAGE 40

La petite souris

Lire un calendrier

Dans une année, il y a **12 mois. Pour se repérer, on utilise un calendrier qui nous donne les dates.**

JUIN 2021						
lundi	mardi	mercredi	jeudi	vendredi	samedi	dimanche
	1	2	3	4	5	6
7	8	9	10	11	12	13
14	15	16	17	18	19	20
21	22	23	24	25	26	27
28	29	30				

Au mois de juin 2021, le ***18*** est un vendredi.

PAGE 43

Tenue d'espionnage

Le corps humain, les cinq sens

- Notre corps est formé de **plusieurs parties** : la **tête**, les **yeux**, les **bras**, etc. Certaines se plient aux **articulations** comme le **coude**, le **genou** ou la **cheville**.
- Pour mieux connaître ce qui nous entoure, on utilise **nos 5 sens** : le **goût** pour goûter, la **vue** pour voir, l'**ouïe** pour entendre, le **toucher** et l'**odorat** pour sentir.

PAGE 49

Les conseils du docteur Foldingue

L'hygiène

Pour garder notre corps en bonne santé, on doit suivre **certaines règles d'hygiène** :
– se **laver** le corps, les mains et les dents ;
– **manger** de tout ;
– bien **dormir** ;
– **faire du sport** ;
– **aller régulièrement** chez le médecin et le dentiste.

PAGE 55

L'ogre gourmand

L'alimentation

- Avoir une bonne alimentation, c'est **manger de tout** :
  - de la viande, des œufs et du poisson ;
  - des laitages comme les yaourts, le lait et le fromage ;
  - des fruits et des légumes ;
  - du pain, des pâtes, du riz ou des pommes de terre ;
  - et boire beaucoup d'eau.
- Les sucreries, c'est juste pour se faire plaisir de temps en temps !

PAGE 58

La grotte enchantée

Autrefois, aujourd'hui

- L'histoire des hommes est composée de plusieurs grandes périodes.
- Depuis la préhistoire, les hommes ont changé et le monde autour de nous s'est transformé.

Préhistoire	Antiquité	Moyen Âge	Temps des rois	Aujourd'hui

PAGE 61

Le géant Aglagla

Liquide, solide ou gazeux : les états de l'eau

L'eau peut avoir **3 états**.

- Elle est **liquide**.
- Elle est **gelée** quand il fait très froid : le thermomètre descend en dessous de 0.
- Elle devient de la **vapeur** quand on la chauffe.

PAGE 10

La planète Groumf

Les formules de politesse

- Pour bien vivre ensemble, **on doit respecter des règles ou des lois.**
- Les premières règles qu'on apprend sont celles de **la politesse et du respect** : on se salue, on remercie, on s'excuse…
- Pour cela, on emploie des formules de politesse :
  S'il vous plaît, merci, excusez-moi, bonjour, etc.

PAGE 25

Le chemin de l'école

La sécurité routière

- Pour se protéger des véhicules, on doit **connaître et respecter le code de la sécurité routière.**
- **Pour traverser une rue**, on attend que le **feu** soit **rouge**, que le **bonhomme** soit **vert** et surtout **on traverse sans courir sur le passage piéton.**

PAGE 46

Le baby-sitter

La sécurité à la maison

À la maison aussi, on doit **être prudent et respecter des règles de sécurité** :
– ne jamais jouer avec des prises électriques ;
– ne jamais avaler et toucher des produits toxiques ou des médicaments ;
– ne pas jouer avec le feu ou la cuisinière.

PAGE 64

Jour de fête

Le drapeau français

Chaque pays a un symbole, son drapeau et un chant.

- **Le drapeau de la France est tricolore** car il a trois couleurs (bleu, blanc, rouge).
  Tu peux le voir accroché à ton école, ta mairie.
- **L'hymne de la France est la Marseillaise.**
- La République française est représentée par le buste d'une femme : **Marianne**.

PAGE 22

Hello, everybody!

Se présenter en anglais

- Hello! Good morning! — *Bonjour !*
- Goodbye! — *Au revoir !*
- I am Sally (I'm Sally!) — *Je suis Sally (Je m'appelle Sally !)*

PAGE 52

L'aspirateur à couleurs

Nommer les couleurs

red — yellow — blue — green

orange — pink — white — black

Jeu Cherche & trouve le hibou

Tu as trouvé un hibou caché dans les pages de ce livre ?
Découvre ci-dessous l'expression qui lui est associée.
La signification de chacune de ces expressions est au dos de la carte !
Tu peux découper toutes les cartes et t'amuser à faire deviner le sens des expressions à tes amis.

page ...

La nuit, tous les chats sont gris.

page ...

Il pleut des cordes.

page ...

Les murs ont des oreilles.

page ...

Pleurer des larmes de crocodile.

page ...

Être une poule mouillée.

page ...

Avoir l'eau à la bouche.

page ...

Plus on est de fous, plus on rit.

page ...

Qui vole un œuf, vole un bœuf.

page ...

C'est la cerise sur le gâteau.

page ...

Quand on parle du loup, on en voit la queue.

page ...

S'emmêler les pinceaux.

page ...

Il n'y a pas de fumée sans feu.

page ...

L'appétit vient en mangeant.

page ...

Être une tête de mule.

page ...

Raconter des salades.

page ...

Il fait un froid de canard.

page 51 Pleurer pour tromper l'autre et obtenir quelque chose de lui.	page 36 Quelqu'un pourrait nous entendre.	page 14 Il pleut très fort.	page 2 Dans le noir, tout se ressemble.
page 57 Une personne qui vole un objet d'une faible valeur sera capable de voler un objet d'une plus grande valeur.	page 41 Plus on est nombreux, plus on s'amuse.	page 17 Avoir très envie de quelque chose en le voyant ou en y pensant.	page 4 Être une personne peureuse.
page 58 Tout ce qui se passe a forcément une explication.	page 44 Avoir les idées confuses, se tromper.	page 23 Se dit lorsque la personne qui apparaît était le sujet de la discussion.	page 6 C'est le détail qui vient terminer quelque chose en beauté.
page 61 Il fait très froid.	page 46 Mentir.	page 25 Être une personne têtue.	page 10 Plus on a de quelque chose, plus on en veut.